Sushis, makis sashimis & Cie

Emi Kazuko

Albums LAROUSSE

Sommaire

LES NIGIRI SUSHI

LES OSHI SUSHI ET AUTRES SUSHIS

LES SASHIMIS ET AUTRES SALADES

Ce qu'il faut savoir des sushis...

Le sushi, équivalent japonais du sandwich, est une sorte de petite bouchée à déguster en toute occasion.

Jadis considéré comme l'ultime bizarrerie de la cuisine japonaise, le sushi fit une entrée remarquée dans la sphère internationale à la fin des années 80 grâce au développement des *kaitensushi*, littéralement « manèges à sushis », ces restaurants où les nombreuses variétés de sushis défilent sur un comptoir tournant à la disposition des clients. Puis, leur popularité n'a cessé de croître jusqu'à devenir un phénomène planétaire. J'ai moi-même constaté que, de New York à Moscou, de Sydney à Stockholm, le sushi n'est plus un aliment déroutant, mais qu'il a été adopté par tous, incorporant les ingrédients locaux, dans l'esprit de la cuisine fusion.

La dégustation du sushi se prête à toutes les occasions : dans les restaurants de sushis, mais aussi lors d'un banquet en famille, au restaurant ou à la maison, pour un anniversaire, un baptême ou des funérailles, en pique-nique plus ou moins élaboré ou lors d'un déjeuner sur le pouce, et, bien sûr, servi sur un *kaiten*. Le sushi occupe une place à part : à la fois stylé et décontracté, il peut être excitant – même pour nous autres Japonais, qui en mangeons tout au long de notre vie – par sa forme, sa couleur, ses saveurs et, surtout, par son caractère unique. Varié, attrayant et sympathique, le sushi séduit le monde entier.

À la différence des autres aliments proposés dans les snacks, le sushi est un mets complet, équilibré et sain. Une seule bouchée contient tous les nutriments fondamentaux : glucides, protéines et vitamines... Cuisiner ce joyau de la cuisine japonaise nécessite tout de même une grande rigueur et tout particulièrement dans le choix des produits ; pour être consommé cru, le poisson doit être d'une extrême fraîcheur !

Facile et amusant à réaliser, d'une grande variété, le sushi est très agréable et très ludique à préparer. J'espère que, à la lecture de ce livre, vous aurez autant de plaisir et d'enthousiasme que moi à choisir et faire des sushis pour vous-même et pour vos proches.

À propos des recettes

Sauf indication contraire, les cuillerées sont rases.

Vous trouverez les ingrédients nécessaires à la réalisation de ces recettes aux rayons cuisine exotique des grandes surfaces ou dans les épiceries spécialisées.

Ingrédients et ustensiles de base

1 Shiitakés (champignons japonais séchés) 2 Tofu frit (pour la préparation des inari sushi) 3 *Hijiki* (algues séchées) 4 *Nori* (feuille d'algue) 5 *Kombu* (varech séché) 6 Riz japonais (grain rond à sushis) 7 Graines de sésame blanches 8 Graines de sésame noires 9 *Takuan* (daikon mariné) 10 Racine de gingembre 11 Saké (alcool de riz japonais) 12 *Shoyu* (sauce soja japonaise) 13 Vinaigre de riz 14 *Mirin* (vin de riz doux)

1 *Handai* (saladier en bois pour la préparation du riz), éventail (pour refroidir le riz), cuillère en bois 2 Presse pour la préparation des *oshi sushi* 3 Couteaux (à légume, à sashimi et multiusage) 4 *Makisu* (nattes en bambou pour rouler les makis), spatule en bois 5 *Hashi* (baguettes japonaises) 6 Poêle à *tamago yaki* (pour la préparation des omelettes japonaises)

Préparer le poisson et les crevettes

Découper un poisson

Tenez le couteau orienté à 45° et tranchez le filet de biais, d'un geste, en ramenant le couteau vers vous.

Retirer la peau d'un poisson

Séparez la peau de la chair à une extrémité du poisson, maintenez-la sur la planche, insérez un couteau aiguisé en l'inclinant légèrement, puis faites-le glisser le long de la peau.

Retirer la pellicule de peau d'un poisson

Avec les doigts, séparez délicatement la pellicule de la peau au niveau de la tête et tirez jusqu'à la queue.

Étêter les crevettes

Retirez la tête des crevettes avec les doigts, puis transpercez le côté, entre deux lamelles de carapace, avec une fine pique à cocktail.

Déveiner les crevettes

Soulevez la veine en remontant la pique et tirez délicatement avec les doigts.

Garder les crevettes droites à la cuisson

Transpercez la longueur du corps avec une pique à cocktail. Les crevettes cuiront dans leur carapace.

Préparer les légumes

Shiitakés séchés

POUR 5 SHIITAKÉS

> 10 cl de l'eau de réhydratation des shiitakés
> 1 cuill. à soupe de sucre en poudre
> ¼ de cuill. à café de sel
> 2 cuill. à soupe de sauce soja japonaise
> 1 cuill. à soupe de mirin
> 1 cuill. à soupe de saké

Faites tremper les shiitakés séchés pendant 1 à 12 heures au moins. Égouttez-les, réservez le jus et coupez les champignons en fines lamelles.

Dans une casserole sur feu moyen, mélangez tous les ingrédients sauf les champignons, portez à ébullition et mélangez jusqu'à la dissolution du sucre. Ajoutez les shiitakés et laissez mijoter 10 minutes pour les ramollir.

Retirez les champignons du feu et laissez-les refroidir dans leur jus jusqu'à leur utilisation.

Algues *hijiki* séchées

Faites tremper les algues 30 minutes dans une grande quantité d'eau ; elles gonfleront jusqu'à cinq fois leur volume initial. Égouttez-les, puis coupez-les en morceaux de 1 ou 2 cm de long.

Faites-les cuire dans la même préparation que celle des shiitakés (voir ci-dessus).

Carottes

Pelez les carottes et découpez-les en allumettes, puis rincez-les.

Faites-les cuire dans la même préparation que celle des shiitakés (voir ci-dessus) ou bien dans un bouillon de légumes ou de poisson.

Gingembre mariné

> 100 g de gingembre frais

Pour la marinade

> 10 cl de vinaigre de riz
> 2 ½ cuill. à soupe de sucre en poudre

À l'aide d'une fine mandoline ou d'un couteau Économe, découpez le gingembre en lamelles, puis mettez celles-ci à cuire 2 minutes à petits bouillons. Égouttez-les et séchez-les avec du papier absorbant.

Mélangez le vinaigre de riz avec le sucre et 5 cl d'eau jusqu'à la dissolution du sucre. Ajoutez le gingembre et laissez mariner 5 ou 6 jours. Vous pouvez conserver le gingembre mariné maison plusieurs mois au réfrigérateur.

Fleurs de radis rose

> 1 radis
> sel

Pour la marinade

> 10 cl de vinaigre de riz
> 2 ½ cuill. à soupe de sucre en poudre

Déposez un radis debout entre deux baguettes japonaises, puis taillez de profondes entailles croisées jusqu'à toucher les baguettes. Saupoudrez de sel et réservez de 20 à 30 minutes.

Pressez le radis pour enlever l'excédent d'humidité. Préparez la même marinade que pour le gingembre mariné, et laissez mariner toute une nuit ; la teinte rouge du radis se propagera sur l'ensemble de la fleur, qui deviendra rose.

Préparer le riz vinaigré [Sumeshi]

Le *sumeshi* est la base du sushi, mais aussi de tout mets japonais. Les chefs sushi s'entraînent des années durant à sa préparation, mais, avec un peu d'attention, vous acquerrez les techniques de base rapidement. Avec une mesure de riz japonais, soit 225 g, vous obtiendrez 450 g de *sumeshi*. Cette quantité permet de réaliser environ 6 rouleaux fins (de 6 à 8 pièces par rouleau), suffisamment pour une entrée pour quatre personnes. La plupart des recettes de ce livre utilisent cette quantité de riz.

> 225 g de riz japonais

Pour la préparation vinaigrée

> 2 $^{2}/_{3}$ - 3 cuill. à soupe de préparation instantanée pour sushi ou 2 cuill. à soupe de vinaigre de riz japonais ou de vinaigre de vin blanc

> 1 ½ cuill. à café de sucre en poudre (2 cuill. à soupe pour le vinaigre de vin)

> 1/2 cuill. à café de sel

Lavez le riz soigneusement en changeant l'eau plusieurs fois, puis laissez égoutter de 30 minutes à 1 heure ; cette lente absorption de l'eau permet d'obtenir un riz d'un blanc laiteux.

Mettez le riz dans une grande casserole d'eau ; le niveau de celle-ci ne doit pas dépasser le tiers du volume de riz. Couvrez et amenez à ébullition environ 5 minutes sur feu modéré. Baissez le feu au minimum, puis ramenez le riz du dessous vers le dessus, à l'aide d'une palette en bois.

Couvrez à nouveau et laissez cuire à feu très doux 9 ou 10 minutes, jusqu'à ce qu'il ne reste qu'une formation de petites bulles à la surface du riz. Mélangez à nouveau en remuant de bas en haut et laissez cuire encore 1 minute. Retirez du feu et gardez couvert 10 minutes supplémentaires.

Si vous n'utilisez pas de préparation pour sushi, mélangez le sucre et le sel avec le vinaigre de riz ou de vin blanc dans un bol, jusqu'à dissolution complète.

Transférez le riz chaud dans un *handai* (récipient pour riz en bois) ou dans tout autre récipient non métallique. Arrosez le riz avec la préparation vinaigrée, puis mélangez délicatement de bas en haut avec la spatule en bois tout en le faisant refroidir avec un éventail. Une fois le riz tiède, préparez les sushis.

Préparer l'omelette épaisse [Tamago yaki]

POUR 1 ROULEAU D'OMELETTE
(14 CM x 5 CM x 5 CM)

> 4 œufs
> 1 cuill. à soupe de sucre en poudre
> 1 cuill. à café de sauce soja japonaise
> 1 pincée de sel
> 2 cuill. à soupe d'huile végétale

Dans un bol, battez les œufs, puis passez-les au tamis. Ajoutez le sucre, la sauce soja et le sel, puis mélangez jusqu'à la complète dissolution du sucre.

Faites chauffer une poêle antiadhésive sur feu moyen, huilez-la à l'aide d'un papier absorbant, puis, sur feu doux, répartissez le quart des œufs battus uniformément et laissez cuire. Éclatez toute bulle d'air qui se forme en surface. À l'aide de baguettes, repliez l'omelette trois ou quatre fois sur elle-même d'un bout à l'autre de la poêle.

Huilez-la à nouveau, placez le rouleau d'œuf sur un côté de la poêle et versez un autre quart des œufs battus sur la surface libre. Lorsque la deuxième omelette est cuite, roulez-la autour de la première. Répétez l'opération deux nouvelles fois avec le reste d'huile et d'œufs battus.

Retirez le rouleau d'omelette de la poêle, laissez-le refroidir, puis préparez les sushis.

Préparer la feuille d'œuf [Tamago usuyaki]

POUR 1 FEUILLE
DE 20 CM DE DIAMÈTRE

> 1 œuf
> 1 pincée de sel
> 1/2 cuill. à soupe d'huile végétale

Dans un bol, battez l'œuf, puis passez-le au tamis. Ajoutez le sel et mélangez.

Faites chauffer une poêle antiadhésive d'environ 20 cm de diamètre, huilez-la avec du papier absorbant, puis répartissez l'œuf pour obtenir une crêpe fine et laissez cuire à feu doux.

Retirez l'omelette du feu, laissez-la refroidir, puis préparez les sushis.

Le miso est une pâte de soja fermentée, épaisse et parfumée, quotidiennement utilisée comme condiment dans l'alimentation japonaise. La soupe miso s'accommode de toutes sortes d'ingrédients, comme le *nameko*, un champignon très apprécié au Japon, vendu cuit en conserve. Il existe plusieurs variétés de miso ; le rouge, dense et salé, convient particulièrement au *nameko* et au tofu.

Soupe miso au tofu et au nameko

POUR 4 PERSONNES

Pour le dashi maison (bouillon d'algue et de bonite séchée)

> 1 morceau de *kombu* (algue séchée) de 10 cm x 10 cm environ
> 30 g de *hanakatsuo/kezuribushi* (copeaux de bonite séchée)

Ou bien

> 1 sachet de dashi en poudre ou 1/2 cuill. à café de dashi en granules
> 5 g d'algues wakame séchées ou 50 g d'épinards
> 2 cuill. à soupe de miso rouge
> 1/2 bloc ou 150 g de tofu, coupé en dés
> 1 boîte ou 85 g de champignons *nameko* cuits
> 1 oignon nouveau finement émincé

Préparez le dashi maison. Dans une casserole, versez 60 cl d'eau, ajoutez le kombu et portez doucement à ébullition. Dès les premiers bouillons, retirez le kombu, ajoutez le *hanakatsuo* et laissez mijoter 4 ou 5 minutes. Retirez du feu et laissez reposer jusqu'à ce que le *hanakatsuo* se soit déposé dans le fond. Passez le dashi à travers un linge. Sinon, diluez la poudre ou les granules de dashi instantané dans 60 cl d'eau bouillante.

Laissez tremper le wakame 10 minutes dans une grande quantité d'eau. Égouttez-le et pressez-le entre les mains pour en retirer l'excédent d'eau. Coupez l'algue ou les épinards en petits morceaux.

Prélevez une petite quantité de dashi dans un bol, diluez-y la pâte de miso, puis reversez le tout dans la casserole. Ajoutez le wakame ou les épinards, le tofu et les *nameko* et faites chauffer sur feu modéré. Juste avant l'ébullition, retirez du feu et servez la soupe miso dans des bols individuels, garnie d'oignon émincé.

Rien n'est plus apaisant qu'un bol de soupe pour clore un repas de sushi et le *ushio jiru* est une agréable alternative à la traditionnelle soupe miso. Le *ushio*, terme ancien signifiant « marée », est un consommé habituellement préparé à base de palourdes fraîches à la chair délicate.

Consommé aux palourdes [Ushio jiru]

POUR 4 PERSONNES

> 2 cuill. à soupe de saké
> 1 morceau de *kombu* (algue séchée)
> 4 grandes palourdes fraîches, dans leur coquille, lavées
> 2/3 de cuill. à café de sel
> 1/2 bloc ou 150 g de tofu, coupé en 12 cubes
> 4 brins de *mitsuba* (persil japonais) ou de cresson

Dans une casserole, versez 60 cl d'eau et le saké. Ajoutez le kombu et laissez mariner 20 minutes.

Ajoutez les palourdes et amenez à ébullition. Retirez le kombu juste avant l'ébullition, puis baissez le feu et laissez mijoter doucement jusqu'à ouverture des coquillages. Retirez régulièrement l'écume se formant à la surface et salez.

Ajoutez le tofu, portez presque à ébullition, puis ajoutez le *mitsuba* ou le cresson et retirez immédiatement du feu.

Répartissez le consommé dans quatre bols individuels, ajoutez 1 palourde, 3 cubes de tofu, décorez de 1 brin de *mitsuba* ou de cresson et servez.

Dans la famille des *maki sushi* (sushis roulés), le *norimaki* (sushi roulé dans une feuille de nori) a été créé pour être l'aliment idéal des pique-niques. Le *hosomaki* traditionnel est un *norimaki* simple à une couleur.

Makis traditionnels [Hosomaki]

POUR 6 ROULEAUX (48 PIÈCES)

> 1 concombre de 18 cm
> 1 *takuan* (daikon mariné) de 18 cm
> 200 g de filet de saumon ou de thon, sans peau
> 3 feuilles de nori (20 cm x 18 cm) coupées en deux (soit 10 cm x 18 cm)
> 1 mesure de riz vinaigré (voir p. 10)
> wasabi
> 2 cuill. à soupe de graines de sésame blanches légèrement grillées
> 4 feuilles de *shiso* (plante aromatique japonaise) finement ciselées

Pour humidifier les mains

> 25 cl d'eau
> 2 cuill. à soupe de vinaigre de riz

Pour accompagner

> gingembre mariné (voir p. 9)
> sauce soja japonaise

> 1 *makisu*

Découpez le concombre en quatre dans la longueur et épépinez-le. Sans les peler, gardez-en 2 quartiers et retaillez-les en 2 tiges de 1 cm de côté. Gardez le reste de concombre pour un autre usage. De la même façon, découpez le *takuan* mariné. Tranchez le thon ou le saumon en bâtonnets de 1 cm de côté (40 cm de chaque type d'ingrédients seront nécessaires).

Préparez les makis (voir pas à pas p. 17). Disposez un *makisu* (natte de bambou), tiges parallèles à vous. Posez une demi-feuille de nori côté long parallèle à vous. Préparez l'eau vinaigrée et humidifiez vos mains. Saisissez 1/6 du riz vinaigré, malaxez-le en un rouleau, puis posez-le sur le nori. Étalez le riz sur toute la surface du nori en réservant une marge de 2 cm sur le bord opposé. Comblez de riz les zones irrégulières.

Du bout du doigt, prenez une toute petite portion de wasabi et étalez-la sur toute la longueur du riz, en une bande centrale. Déposez 1 bâtonnet de concombre sur le wasabi, puis parsemez de 1/2 cuillerée à soupe de graines de sésame.

Soulevez le *makisu* avec les pouces et index, roulez-le en un cylindre, tout en maintenant le concombre au centre avec les doigts, jusqu'au bout du nori. Pressez légèrement pour parfaire la forme, puis retirez le *makisu*. Réservez le rouleau dans un plat, le raccord au-dessous, puis recouvrez d'un linge. Répétez l'opération pour un second *hosomaki* au concombre et aux graines de sésame, puis préparez deux rouleaux au thon ou au saumon à la place du concombre. Pour les deux derniers rouleaux au *takuan*, n'utilisez pas de wasabi et remplacez les graines de sésame par la julienne de *shiso*.

Coupez chaque rouleau obtenu en huit pièces, puis servez les sushis face tranchée vers le haut, accompagnés de gingembre mariné et de sauce soja en coupelles individuelles.

Rouler un norimaki

Faites brièvement griller le nori à 10 cm d'une flamme douce ; il retrouvera son croquant d'origine et gagnera en saveur. Placez-le sur le *makisu* (natte de bambou), face brillante au-dessous.

Les mains humidifiées à l'eau vinaigrée, formez un cylindre avec une portion de riz et posez-le sur le nori, à 2 cm de l'extrémité opposée. Étalez-le avec les doigts en le ramenant vers vous. Placez la garniture au centre du tapis de riz.

Attrapez le *makisu* par le côté proche de vous et, tout en maintenant la garniture au centre avec les doigts, roulez-le pour joindre les deux extrémités de riz. Pressez délicatement le rouleau pour obtenir une belle forme ronde et retirez le *norimaki* du *makisu*.

La cuisine italienne est ma préférée, après la cuisine japonaise. J'affectionne particulièrement ses légumes grillés, notamment les poivrons. Ce rouleau végétarien est fantastique, tant pour sa présentation que pour sa saveur.

Makis tricolores à l'italienne

POUR 6 ROULEAUX (48 PIÈCES)

> 1 poivron vert
> 1 poivron rouge
> 1 poivron orange ou jaune
> 1 cuill. à soupe de câpres finement hachées
> 3 feuilles de nori (20 cm x 18 cm) coupées en deux (10 cm x 18 cm)
> 1 mesure de riz vinaigré (voir p. 10)
> sel et poivre noir du moulin

Pour humidifier les mains

> 25 cl d'eau
> 2 cuill. à soupe de vinaigre de riz

Pour accompagner

> basilic ou roquette
> sauce soja japonaise

> 1 *makisu*

Piquez les poivrons par la tige avec une fourchette et faites-les chauffer au-dessus d'une flamme jusqu'à légèrement carboniser la peau. Pelez délicatement les poivrons, puis coupez-les en deux dans la longueur. Épépinez-les et taillez-les en bâtonnets de 5 mm de large. Mélangez-les avec les câpres, salez et poivrez.

Préparez les makis (voir pas-à-pas p. 17). Sur le plan de travail, déposez un *makisu*, humidifiez vos mains, puis préparez le tapis de riz avec une demi-feuille de nori et 1/6 du riz vinaigré. Alignez 2 bâtonnets de poivron de chaque couleur au centre du tapis de riz et roulez le maki. Procédez de la même façon pour les cinq autres rouleaux avec le reste des ingrédients.

Coupez chaque rouleau en huit pièces, puis servez les sushis accompagnés de basilic ou de roquette et de sauce soja dans des coupelles individuelles.

Spécialité d'Osaka, le *futomaki* est généralement garni de cinq ingrédients de couleurs contrastées ; il nécessite donc d'être roulé dans une feuille de nori entière, à la différence des *hosomaki* (rouleaux simples) pour lesquels une demi-feuille suffit. Ce sushi est servi en plat principal.

Makis larges [Futomaki]

POUR 3 ROULEAUX (24 PIÈCES)

> 6 asperges ou rapinis (petit brocoli à longue tige) effeuillés
> 1 omelette épaisse (voir p. 12)
> 3 feuilles de nori (20 cm x 18 cm)
> 1 mesure de riz vinaigré (voir p. 10)
> 8 bâtonnets de surimi
> 1 carotte préparée (voir p. 8)
> 5 ou 6 shiitakés préparés (voir p. 8)

Pour humidifier les mains

> 25 cl d'eau
> 2 cuill. à soupe de vinaigre de riz

Pour accompagner

> gingembre mariné (voir p. 9)
> sauce soja japonaise

> 1 *makisu*

Dans une casserole d'eau bouillante légèrement salée, faites cuire les asperges 7 ou 8 minutes jusqu'à ce qu'elles soient tendres. Si vous utilisez des rapinis, faites-les cuire de 2 à 4 minutes. Plongez les asperges ou les rapinis dans de l'eau froide, puis égouttez-les.

Coupez l'omelette épaisse en bâtonnets de 1 cm de section, jusqu'à obtenir 60 cm de bâtonnets.

Préparez les makis (voir pas-à-pas p. 17). Sur le plan de travail, déposez un *makisu*, humidifiez vos mains, puis préparez le tapis de riz avec une feuille de nori entière et 1/3 du riz vinaigré. Laissez une réserve de 3 cm sur le bord le plus éloigné. Réalisez un tapis de riz épais. Alignez 2 bâtonnets et demi de surimi au centre du tapis de riz, ajoutez 1 bâtonnet d'omelette, 2 asperges ou rapinis et quelques carottes et shiitakés, puis roulez le maki. Procédez de la même façon pour les deux autres rouleaux avec le reste des ingrédients.

Coupez chaque rouleau en huit pièces et servez les sushis sur un plat de service, accompagnés de gingembre mariné et de sauce soja dans des coupelles individuelles.

Ce sushi est très original, car il est roulé dans une feuille d'œuf au lieu de la traditionnelle feuille de nori. Il s'accommode de toute une palette d'ingrédients, comme les saucisses ou le fromage, mais je propose ici une version végétarienne associant des rapinis avec des algues noires *hijiki*.

Makis à la feuille d'œuf [Tamago maki]

POUR 4 ROULEAUX (24 PIÈCES)

> 8 tiges de rapini (petit brocoli à longue tige)
> 4 feuilles d'œuf (voir p. 13)
> 1 mesure de riz vinaigré (voir p. 10)
> 2 cuill. à soupe de graines de sésame blanches légèrement grillées

Pour les algues *hijiki*

> 2 ou 3 cuill. à soupe d'algues *hijiki* déshydratées
> 10 cl de bouillon de poisson, de volaille ou de légumes

Pour humidifier les mains

> 25 cl d'eau
> 2 cuill. à soupe de vinaigre de riz

Pour accompagner

> gingembre mariné (voir p. 9)
> sauce soja japonaise

> 1 *makisu*

Préparez les algues *hijiki* (voir préparation p. 8) en les laissant tremper 20 minutes, puis en remplaçant l'eau de trempage des shiitakés (mentionnée p. 8) par le bouillon de poisson, de volaille ou de légumes. Omettez le saké.

Dans une casserole d'eau bouillante salée, faites cuire les rapinis 2 minutes, jusqu'à ce qu'ils soient tendres mais croquants, puis égouttez-les et séchez-les avec du papier absorbant.

Préparez les makis (voir pas-à-pas p. 17). Déposez une feuille d'œuf sur une planche à découper, puis coupez deux bandes à 2 cm des bords droit et gauche. Placez-la sur un *makisu*, humidifiez vos mains, puis préparez le tapis de riz en étalant 1/4 du riz vinaigré et en laissant une réserve de 2 cm sur le bord le plus éloigné. Alignez 2 rapinis et 1/4 des algues *hijiki* au centre du tapis de riz, parsemez de 1/2 cuillerée à soupe de graines de sésame, puis roulez délicatement le maki. Utilisez un peu de riz écrasé pour finir de coller la feuille d'œuf. Procédez de la même façon pour les trois autres rouleaux avec le reste des ingrédients.

Coupez chaque rouleau en six pièces, puis servez les sushis sur un plat de service, accompagnés de gingembre mariné et de sauce soja en coupelles individuelles.

Le *temaki* est le sushi fait à la main sans utiliser de *makisu*, la natte de bambou qui sert à rouler les makis. Il se présente donc comme un cône de feuille de nori farci d'ingrédients présentés sur un plat à la disposition des convives. Les garnitures de cette recette sont les plus habituelles ; libre à vous d'en imaginer d'autres, en variant les goûts, les textures et les couleurs.

Makis faits main [Temaki]

POUR ENVIRON 12 CÔNES

> 2 pattes de crabe géant d'Alaska ou 3 bâtonnets de surimi effilés
> 70 g de saumon fumé coupé en fines lanières
> 1 feuille d'œuf (voir p. 13) coupée en lanières de 5 ou 6 cm de long
> 1 concombre épépiné coupé en bâtonnets de 6 cm x 4 mm
> 1 *takuan* (daikon mariné) coupé en bâtonnets de 6 cm x 4 mm
> 1 poignée de champignons *enoki* émincés (facultatif)
> 4 feuilles de nori, coupées en quatre et/ou 12 grandes feuilles de laitue iceberg
> 1 mesure de riz vinaigré (voir p. 10)

Pour accompagner

> gingembre mariné (voir p. 9)
> sauce soja japonaise
> wasabi

Sur un grand plat de service, disposez les pattes de crabe ou les bâtonnets de surimi effilés, les lanières de saumon fumé et de feuille d'œuf, les bâtonnets de concombre et de *takuan* et, éventuellement, les champignons *enoki*. Présentez les feuilles de nori et/ou les feuilles de laitue iceberg, le riz vinaigré ainsi que le gingembre mariné, la sauce soja et le wasabi à part.

À table, laissez vos convives composer leur propre *temaki* en garnissant 1/4 de feuille de nori, ou de feuille de laitue, de riz vinaigré et des ingrédients de leur choix, la garniture devant être disposée en éventail dans la diagonale et la feuille roulée en cornet. Dégustez le *temaki* accompagné de gingembre mariné, de wasabi et de sauce soja.

Le *uramaki* (rouleau inversé) est une variante de *maki sushi* où le nori se trouve enroulé à l'intérieur du riz. Cette version est très appréciée, car elle est simple à réaliser et permet d'utiliser une grande variété d'ingrédients sans que le nori ne risque de se déchirer.

Makis inversés aux beignets de crevette

[Uramaki aux crevettes]

POUR 4 ROULEAUX (24 PIÈCES)

> 8 grosses crevettes tigrées fraîches
> farine
> 1 œuf battu
> chapelure
> huile végétale pour friture
> 2 feuilles de nori (20 cm x 18 cm), coupées dans la largeur (10 cm x 18 cm)
> 1 mesure de riz vinaigré (voir p. 10)
> 4 cuill. à soupe de graines de sésame blanches légèrement grillées

Pour humidifier les mains

> 25 cl d'eau
> 2 cuill. à soupe de vinaigre de riz

Pour accompagner

> quartiers de citron
> gingembre mariné (voir p. 9)
> sauce soja japonaise additionnée de jus de citron

> 1 *makisu*
> film alimentaire

Préparez les crevettes (voir pas-à-pas p. 7). Décortiquez-les en ne gardant que les queues, puis, une fois celles-ci embrochées sur les piques en bois, roulez-les successivement dans la farine, l'œuf battu et la chapelure. Appuyez doucement pour fixer la panure.

Faites chauffer l'huile à 170 °C, puis faites frire les crevettes 2 ou 3 minutes en les retournant régulièrement, jusqu'à obtenir une couleur légèrement dorée. Égouttez-les sur du papier absorbant, laissez-les refroidir, puis retirez les piques.

Préparez les makis inversés (voir pas-à-pas ci-contre). Sur le plan de travail, déposez un *makisu*, puis au-dessus un film alimentaire et une demi-feuille de nori. Humidifiez vos mains, puis préparez le tapis de riz avec 1/4 du riz vinaigré et 1 cuillerée à soupe de graines de sésame. Pressez délicatement pour fixer le tout, puis retournez le tapis de riz. Alignez 2 crevettes panées face à face au centre du nori en laissant dépasser les queues à chaque extrémité. Roulez le maki, puis retirez le *makisu* et le film alimentaire. Procédez de la même façon pour les trois autres rouleaux avec le reste des ingrédients.

Coupez chaque rouleau en six pièces, puis servez les sushis face tranchée vers le haut, accompagnés de quartiers de citron, de gingembre mariné et de sauce soja japonaise additionnée de jus de citron dans des coupelles individuelles.

Rouler un uramaki

Couvrez un *makisu* (natte de bambou) de film alimentaire. Placez 1/2 feuille de nori, dans la longueur. Humidifiez vos mains. Formez un cylindre de riz vinaigré et étalez-le sur toute la surface du nori. Parsemez de graines de sésame.

Retournez le tapis de riz pour que le côté riz et sésame soit placé en dessous. Disposez la garniture en ligne, au centre du nori.

Saisissez le côté du *makisu* situé près de vous et roulez-le fermement tout en maintenant la garniture au centre, jusqu'à ce que les deux bords du nori se chevauchent sur 1 cm. Pressez le rouleau obtenu et continuez à rouler afin de sceller les jointures. Retirez le *urakami* du *makisu*.

Le rouleau californien est certainement le premier et le plus connu des sushis créés en dehors du Japon ; il est même devenu incontournable dans la plupart des restaurants à sushis, même au Japon. Sa garniture à base d'avocat, abondant en Californie, intègre aussi du surimi ; mais préférez-lui le vrai crabe et vous apprécierez la différence.

Rouleaux californiens

POUR 4 ROULEAUX (24 PIÈCES)

> 1 ou 2 pattes de crabe d'Alaska en fonction de leur grosseur, ou 6 bâtonnets de surimi
> 1 avocat dénoyauté et pelé
> 2 feuilles de nori, coupées en deux
> 1 mesure de riz vinaigré (voir p. 10)
> 4 cuill. à soupe d'œufs de lump ou de graines de sésame
> quelques brins de ciboulette
> 2 cuill. à soupe de mayonnaise (facultatif)

Pour humidifier les mains

> 25 cl d'eau
> 2 cuill. à soupe de vinaigre de riz

Pour accompagner

> gingembre mariné (voir p. 9)
> sauce soja japonaise
> wasabi

> 1 *makisu*
> film alimentaire

Coupez les pattes de crabe dans la longueur pour obtenir 4 bâtonnets de la taille d'un stylo. Si vous utilisez du surimi, coupez-les en deux dans la longueur. Coupez l'avocat en huit dans la longueur.

Préparez les makis inversés (voir pas-à-pas p. 27). Sur le plan de travail, déposez un *makisu*, puis un film alimentaire et une demi-feuille de nori. Humidifiez vos mains, puis préparez le tapis de riz, avec 1/4 du riz vinaigré et 1 cuillerée à soupe d'œufs de lump ou de graines de sésame. Pressez délicatement pour fixer le tout, puis retournez le tapis de riz. Au centre du nori, alignez 2 bâtonnets d'avocat et 1 patte de crabe ou 3 demi-bâtonnets de surimi, ajoutez de 6 à 8 brins de ciboulette en les laissant dépasser de 3 ou 4 cm à chaque extrémité et étalez, éventuellement, 1/2 cuillerée à soupe de mayonnaise. Roulez le maki, puis retirez le *makisu*. Procédez de la même façon pour les trois autres rouleaux avec le reste des ingrédients.

Coupez chaque rouleau en six pièces, puis servez les sushis accompagnés de gingembre mariné, de sauce soja japonaise et d'une pointe de wasabi dans des coupelles individuelles.

Le rouleau araignée (maki au tempura d'araignée de mer) est le fruit de la cuisine fusion, développée hors du Japon. La combinaison du crabe et du riz vinaigré avec les pinces sortant du sushi est impressionnante. Mais, l'araignée étant un produit saisonnier, je la remplace par du *kakiage* (tempura de légumes) et cela fonctionne à merveille.

Rouleaux araignée au kakiage

POUR RÉALISER 8 ROULEAUX (24 PIÈCES)

> huile végétale pour friture
> 1 carotte pelée et coupée en bâtonnets de 5 à 7 cm de long et 5 mm de large
> 1 panais épluché et coupé en bâtonnets de 5 à 7 cm de long et 5 mm de large
> 32 haricots verts extrafins équeutés
> 2 feuilles de nori, coupées chacune en quatre
> 1 mesure de riz vinaigré (voir p. 10)
> 8 cuill. à soupe de graines de sésame noires légèrement grillées

Pour la pâte à tempura

> 100 g de farine
> 1 pincée de sel

Pour humidifier les mains

> 25 cl d'eau
> 2 cuill. à soupe de vinaigre de riz

Pour accompagner

> gingembre mariné (voir p. 9)
> sauce soja japonaise additionnée de jus de citron

> 1 *makisu*
> film alimentaire

Dans un wok ou une poêle, faites chauffer l'huile de friture à 170 °C.

Préparez la pâte à tempura. Dans un grand bol, mélangez 20 cl d'eau glacée avec la farine et le sel, puis remuez quelques secondes avec une fourchette ; ne battez pas car la pâte doit rester grumeleuse.

Sur une écumoire, disposez 2 bâtonnets de carotte, 2 de panais et 2 haricots verts extrafins, puis plongez-les successivement dans la pâte à tempura et dans l'huile bouillante. Faites frire 1 ou 2 minutes les légumes agglomérés en les retournant pour qu'ils soient dorés, moelleux mais croustillants. Égouttez les *kakiage* sur du papier absorbant et laissez-les refroidir.

Préparez le maki inversé (voir pas-à-pas p. 27). Sur le plan de travail, déposez un *makisu*, puis un film alimentaire et 1/4 de feuille de nori. Humidifiez vos mains, puis préparez le tapis de riz avec 1/8 du riz vinaigré et 1 cuillerée à soupe de graines de sésame noires. Pressez délicatement pour fixer le tout, puis retournez le tapis de riz. Alignez 2 *kakiage* au centre du nori en laissant les légumes dépasser de 2 ou 3 cm. Roulez le maki, puis retirez le *makisu*. Procédez de la même façon pour les sept autres rouleaux avec le reste des ingrédients.

Coupez chaque rouleau en quatre pièces, puis servez les sushis accompagnés de gingembre mariné et de sauce soja additionnée de jus de citron dans des coupelles individuelles.

La garniture à base de peau de saumon grillée peut surprendre ; pourtant elle se révèle très savoureuse accommodée avec du *tare* (sauce *teriyaki*), des concombres croquants et du saumon fumé à la texture moelleuse.

Makis croquants au saumon

POUR 4 ROULEAUX (32 PIÈCES)

> 100 g de peau de saumon prélevée sur 4 filets
> 2 feuilles de nori coupées en deux
> 1 mesure de riz vinaigré (voir p. 10)
> 4 cuill. à soupe de graines de sésame légèrement grillées
> 1 mini-concombre de 5 cm épépiné et taillé en bâtonnets
> 4 fines tranches de saumon fumé, soit environ 150 g
> tranches de *renkon*, racine de lotus marinée (voir p. 54), ou des œufs de hareng ou des œufs de lump noirs ou des câpres écrasées

Pour le *tare*

> 4 cuill. à soupe de sauce soja
> 3 cuill. à soupe de saké ou de vin blanc
> 1 cuill. à soupe de mirin
> 1 cuill. à soupe de sucre en poudre

Pour humidifier les mains

> 25 cl d'eau
> 2 cuill. à soupe de vinaigre de riz

Pour accompagner

> quartiers de citron
> gingembre mariné (voir p. 9)
> sauce soja japonaise

Dans une poêle sur feu doux, faites griller la peau de saumon 3 ou 4 minutes sur chaque face, jusqu'à ce qu'elle soit croquante, puis retirez-la de la poêle et coupez-la en petits morceaux.

Préparez le *tare*. Mélangez les ingrédients dans une petite casserole, puis amenez à ébullition sans cesser de remuer. Baissez le feu et faites réduire de moitié. Retirez la casserole du feu, ajoutez les morceaux de peau de saumon grillés et laissez mariner de 10 à 15 minutes. Égouttez-les et laissez-les refroidir. Conservez le jus, qui servira de sauce *teriyaki*.

Préparez les makis inversés (voir pas-à-pas p. 27). Déposez un *makisu*, puis un film alimentaire et 1/2 feuille de nori côté court parallèle au plan. Humidifiez vos mains, puis préparez le tapis de riz avec 1/4 du riz vinaigré et 1 cuillerée à soupe de graines de sésame grillées. Pressez délicatement pour fixer le tout, puis retournez le tapis de riz. Disposez 1/4 des morceaux de peau de saumon marinés au centre du nori à 3 cm du bord le plus proche, puis ajoutez 1/4 des bâtonnets de concombre. Roulez le maki, puis retirez le *makisu*. Découpez 1 tranche de saumon fumé en un rectangle de 18 cm x 5 cm, puis disposez-la sur le rouleau et faites-la adhérer à l'aide du *makisu* toujours recouvert de film alimentaire. Pressez doucement pour obtenir une forme régulière et retirez le rouleau du *makisu*. Procédez de la même façon pour les trois autres rouleaux avec le reste des ingrédients.

Coupez chaque rouleau en huit pièces, puis servez les sushis sur un plat de service, le saumon placé au-dessus, chapeauté d'une tranche de *renkon*, d'une pointe d'œufs de hareng ou de lump ou de câpres écrasées. Accompagnez-les de quartiers de citron, de gingembre mariné et de sauce soja en coupelles individuelles.

Les *nigiri sushi* sont les sushis les plus connus ; ils se composent d'une boulette de riz vinaigré, façonnée en forme de doigt, garnie de poisson cru, d'omelette…

Nigiri traditionnels

POUR 28 PIÈCES

> 1/2 mesure de riz vinaigré (voir p. 10)
> 4 grosses crevettes royales
> 150 g de filet de thon frais sans peau
> 150 g de filet de saumon frais sans peau
> 1 petit filet de turbot (environ 75 g) ou de limande sans peau, coupé dans la longueur
> le jus de 1 citron vert
> 1 petit filet de maquereau fumé ou 2 filets de hareng marinés
> 1 *unagi-kabayaki* (anguille grillée et parfumée vendue surgelée) décongelé
> 1 omelette épaisse (voir p. 12) coupée en quatre
> wasabi

Pour la marinade

> 4 cuill. à soupe de sauce soja
> 2 cuill. à soupe de vin rouge
> 2 cuill. à café de mirin

Pour le décor

> œufs de hareng ou œufs de lump noirs
> *kinome* (plante aromatique japonaise) ou du thym citron
> 1 fine tranche de citron vert
> 1 petit morceau de racine de gingembre finement râpé
> feuilles de *shiso* (plante aromatique japonaise) découpées en lanières
> 1 feuille de nori découpée en rubans
> la sauce du *kabayaki* (vendue avec)

Pour accompagner

> gingembre mariné (voir p. 9)
> sauce soja japonaise

Préparez les crevettes (voir p. 7), puis faites-les blanchir sur leur pique 2 minutes dans une casserole d'eau bouillante, jusqu'à ce qu'elles se colorent en rouge. Refroidissez-les sous l'eau froide, puis décortiquez-les, fendez l'abdomen sur la longueur et ouvrez-les.

Préparez les poissons. Découpez les filets de thon et de saumon en quatre tranches chacun de 1 cm x 4 cm x 7 cm. Mélangez les ingrédients de la marinade, puis déposez-y les morceaux de poisson 3 ou 4 minutes. Sortez-les et égouttez-les sur du papier absorbant. Découpez le turbot ou la limande dans la partie la plus charnue en quatre pièces de 7 cm de long, puis pratiquez une entaille en croix sur chaque tranche et arrosez-les de jus de citron vert. Découpez les filets de maquereau fumé, de biais, en pièces de 4 cm de large. Coupez le *kabayaki* en deux dans la longueur, puis dans la largeur, pour réaliser quatre pièces de 7 cm de long et pratiquez une entaille dans le centre pour les rendre plus souples.

Préparez les *nigiri* (voir pas-à-pas ci-contre) pour obtenir 4 *nigiri* aux crevettes, au thon, au saumon, au turbot et au maquereau. Pour les 4 *nigiri* au *kabayaki* et ceux à l'omelette, omettez le wasabi.

Affinez la présentation. Décorez les *nigiri* aux crevettes d'une petite pointe d'œufs de hareng ou de lump, ceux au thon de *kinome* ou de thym citron ; déposez un quart de rondelle de citron vert sur ceux au turbot et du gingembre râpé sur les *nigiri* au maquereau. Nouez ces derniers en utilisant un ruban de *shiso*, ainsi que les *nigiri* à l'omelette à l'aide d'une fine bande de nori. Nappez le *kabayaki* de sa sauce.

Servez les sushis sur un plat de service ou répartis sur des assiettes individuelles, accompagnés de gingembre mariné, d'une pointe de wasabi et de sauce soja à part.

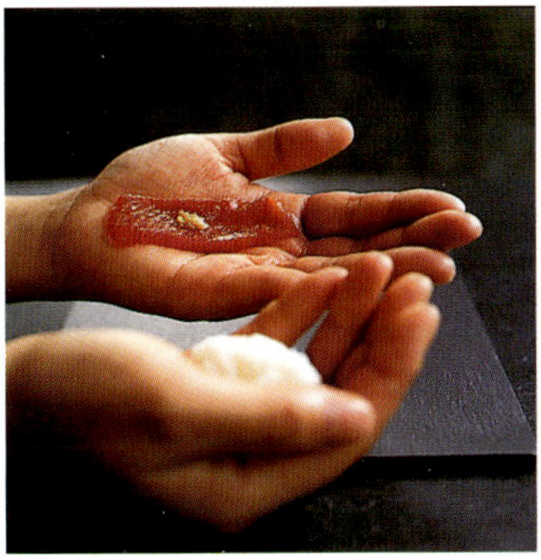

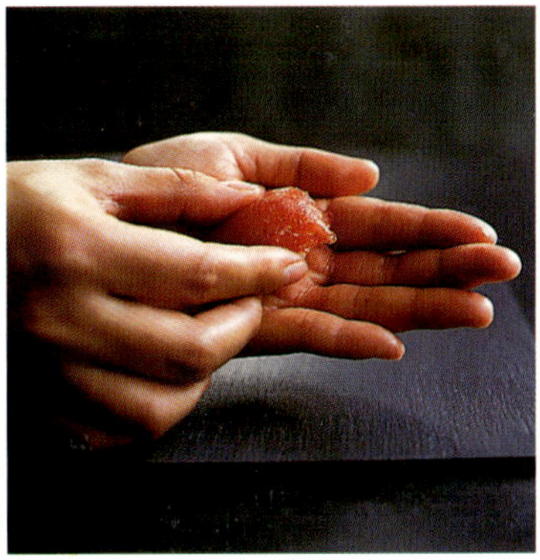

Mouler un nigiri

Dans le creux d'une main, déposez une grosse cuillerée de riz vinaigré, puis malaxez-la pour former un doigt de riz de 1,5 cm x 1,5 cm x 3 cm.

Dans l'autre main, tenez la garniture prête, une pointe de wasabi déposée en son milieu.

Placez avec précision le riz sur la garniture et exercez une légère pression.

Retournez le tout et affinez la forme pour obtenir un beau *nigiri*, puis affinez la présentation à l'aide d'herbes ciselées, de condiments…

Les chefs sushi ne cessent de créer de nouvelles variétés de sushi, intégrant des ingrédients nouveaux, mais le *nigiri*, de par sa nature très simple, reste le moins exploré. Les ingrédients traditionnels tels que le poisson cru ou les crustacés sont incontournables, mais, dernièrement, les poissons grillés ou partiellement grillés sont devenus très prisés au Japon comme ailleurs.

Nouveaux nigiri au thon

POUR 12 PIÈCES

> 450 g de thon frais ou de filet de saumon sans peau
> vinaigre balsamique
> 1/4 de mesure de riz vinaigré (voir p. 10)
> wasabi
> sel et poivre noir du moulin

Pour le décor

> 1 oignon nouveau finement émincé
> 2 cuill. à café de mayonnaise
> 1/2 gousse d'ail écrasée
> sauce soja japonaise
> 1/2 oignon rouge finement émincé
> 2 rondelles de citron coupées en morceaux
> persil

Pour la sauce

> 1 cuill. à soupe de jus de citron
> 1 cuill. à soupe d'huile d'olive extra vierge
> 1 cuill. à café de sauce soja japonaise

Pour accompagner

> gingembre mariné (voir p. 9)

> pique à brochette en métal

Découpez le thon en douze tranches de 7 cm x 3 cm x 5 cm (voir p. 7). Taillez des croisillons sur quatre tranches, puis passez-les rapidement au gril sur feu vif, partie ciselée en dessous. Retirez du gril et badigeonnez les tranches de thon juste saisies de vinaigre balsamique.

Faites griller quatre autres tranches de thon sur une seule face, puis marquez celle-ci de croisillons à l'aide d'une pique à brochette métallique chauffée à la flamme.

Préparez les *nigiri* (voir pas-à-pas p. 35) pour obtenir 4 *nigiri* au thon cru, 4 au thon vinaigré et 4 saisis et marqués au fer.

Affinez la présentation. Badigeonnez à nouveau de vinaigre balsamique les *nigiri* de thon vinaigré, salez et poivrez-les, puis parsemez-les d'oignon nouveau émincé.

Mélangez la mayonnaise et l'ail écrasé, ajoutez quelques gouttes de sauce soja et chapeautez-en d'une pointe les *nigiri* saisis et marqués.

Préparez la sauce en mélangeant tous ses ingrédients. Salez et poivrez. Mélangez l'oignon rouge émincé avec les morceaux de citron, répartissez-les sur les *nigiri* de thon cru, puis arrosez-les de sauce. Décorez d'un brin de persil.

Servez les sushis sur un plat de service, accompagnés de gingembre mariné.

Ce *nigiri sushi* au nom impressionnant est très simple à réaliser ; il suffit d'entourer un doigt de riz d'un ruban de nori, puis de garnir l'intérieur. Les garnitures les plus courantes sont les *ikura* (œufs de saumon) et l'oursin. Préférez des ingrédients prêts à l'emploi comme les œufs de hareng ou les œufs de lump, le crabe décortiqué. Une lanière de daikon peut être utilisée à la place du traditionnel ruban de nori.

Vaisseaux de guerre [Gunkan maki]

POUR 12 PIÈCES

> 1 gros daikon épluché, puis coupé en rondelles de 3 cm d'épaisseur
> 2 cuill. à soupe de sel
> 1/2 mesure de riz vinaigré (voir p. 10)
> 4 okras (gombos) coupés et cuits
> 2 cuill. à soupe d'œufs de hareng ou d'œufs de lump
> 40 g de crabe décortiqué
> 1 ou 2 oignons nouveaux finement hachés
> 1 pincée de poudre de piment (facultatif)
> sauce soja japonaise
> 1 feuille de nori
> 4 brins de *kinome* (plante aromatique japonaise) ou du thym citron
> 40 g de *ikura* (œufs de saumon)
> ciboulette ciselée
> wasabi

Pour accompagner

> gingembre mariné (voir p. 9)
> jus de citron vert

À l'aide d'un couteau Économe, découpez quatre fines bandes de 15 cm dans la tranche d'une rondelle de daikon, mettez-les à ramollir 10 minutes dans un mélange de 25 cl d'eau et de sel, puis égouttez-les et séchez-les avec du papier absorbant.

Préparez douze doigts de riz vinaigré (voir pas-à-pas p. 35) de 5 cm x 2 cm x 2 cm.

Hachez finement les okras cuits et mélangez-les avec les œufs de hareng ou de lump. Enroulez quatre doigts de riz d'une bande de daikon, puis répartissez la garniture aux okras dessus.

Mélangez le crabe avec l'oignon nouveau haché, saupoudrez éventuellement de piment et versez quelques gouttes de sauce soja. Découpez la feuille de nori en huit bandes d'environ 15 cm x 3 cm. Enroulez huit doigts de riz d'un ruban de nori, puis répartissez la garniture au crabe sur quatre d'entre eux. Affinez leur présentation d'un brin de *kinome* ou de thym citron. Répartissez les *ikura* sur les quatre derniers doigts de riz et parsemez-les de ciboulette et d'une pointe de wasabi.

Servez les sushis sur un plat de service accompagnés de gingembre mariné, de jus de citron vert et de sauce soja en coupelles individuelles.

Au Japon, la grande cuisine comme celle du quotidien a pour but de plaire autant à l'œil qu'au palais. Pour satisfaire cette exigence, les cuisiniers s'inspirent de la beauté de la nature. Cet étonnant et magnifique sushi, qui prend l'apparence d'un chrysanthème, emblème du Japon, est le plat idéal des réceptions d'automne.

Fleurs de chrysanthème [Kikka sushi]

POUR 12 PIÈCES

> 6 crevettes géantes dans leur carapace
> 1/2 mesure de riz vinaigré (voir p. 10)
> 1 jaune d'œuf dur

Pour la marinade

> 3 cuill. à soupe de saké
> 3 cuill. à soupe de vinaigre de riz
> 1 cuill. à café de sauce soja
> 1 cuill. à café de mirin ou de sucre en poudre

Pour accompagner

> feuilles de chrysanthème ou de cresson
> gingembre mariné (voir p. 9)
> sauce soja

> film alimentaire

Préparez les crevettes (voir pas-à-pas p. 7). Roulez-les de façon très ramassée et fixez-les à l'aide d'un cure-dent. Plongez-les 2 minutes dans une casserole d'eau bouillante salée, jusqu'à obtenir une coloration rouge, puis égouttez-les. Retirez les piques. Décortiquez et tranchez chaque crevette dans l'épaisseur pour obtenir 12 disques.

Préparez la marinade en mélangeant tous les ingrédients, puis faites-y tremper les crevettes 10 minutes. Égouttez-les.

Placez une demi-crevette, sur un film alimentaire de 20 cm x 20 cm, côté rose dessous. Au creux d'une main, moulez 1 cuillerée à soupe bombée de riz vinaigré en une boulette. Placez-la sur la crevette. Enveloppez le tout de film alimentaire et roulez le tout en une boule légèrement aplatie. Déballez délicatement et affinez la forme en chrysanthème. Répétez l'opération pour former onze autres *kikka sushi.*

Passez le jaune d'œuf dur à travers un tamis fin, puis disposez-en une noisette au centre de chaque fleur de chrysanthème.

Servez les sushis sur un plat garni de feuilles de chrysanthème ou de cresson, accompagnés de gingembre mariné et de sauce soja en coupelles individuelles.

Les *oshi sushi* sont des sushis dont le riz vinaigré et la garniture sont moulés dans une presse, puis découpés en portions. Ils sont parfaits pour préparer une réception, d'autant qu'on peut les préparer à l'avance et les conserver jusqu'à 36 heures. Les *oshi sushi* sont habituellement garnis de fruits de mer, de légumes marinés ou de poissons cuits ou fumés, comme le *masu sushi* qui est fait avec de la truite saumurée, mais vous pouvez également utiliser de la truite fumée, plus facile à trouver, ou encore du saumon fumé.

Sushis pressés à la truite fumée [Masu sushi]

POUR 16 PIÈCES

> 170 g de truite fumée ou de saumon fumé en tranches épaisses

> 1 mesure de riz vinaigré (voir p. 10)

> 2 cuill. à soupe de graines de sésame blanches ou noires légèrement grillées

> le zeste finement haché de 1 citron

> œufs de hareng ou œufs de lump

> 2 tranches de citron vert coupées en petits quartiers

Pour la marinade

> 2 cuill. à soupe de sauce soja

> 2 cuill. à soupe de saké

Pour humidifier les mains

> 25 cl d'eau

> 2 cuill. à soupe de vinaigre de riz

Pour accompagner

> gingembre mariné (voir p. 9)

> 1 moule à *oshi sushi*

> film alimentaire

Préparez la marinade en mélangeant les ingrédients, puis plongez-y le poisson fumé 10 minutes. Égouttez-le et séchez-le sur du papier absorbant.

Saupoudrez le riz vinaigré des graines de sésame, puis mélangez-les délicatement de bas en haut sans écraser le riz.

Tapissez un moule à *oshi sushi* ou une simple boîte carrée de 15 cm x 15 cm, en bois et peu profonde, de film alimentaire. Dans le fond, disposez les tranches de poisson fumé, puis parsemez-les de zestes de citron. Humidifiez vos mains, puis formez une boule de riz vinaigré, étalez-la sur le poisson. Renouvelez l'opération jusqu'à remplir le moule et pressez fermement. Recouvrez le riz de film alimentaire, fermez le couvercle du moule ou la boîte et réservez au frais (jamais au réfrigérateur) quelques heures, voire une nuit.

Démoulez le *masu sushi*, déballez-le et coupez-le en bouchées à l'aide d'un couteau aiguisé et nettoyé avec du papier absorbant trempé dans du vinaigre de riz après chaque découpe. Déposez une pointe d'œufs de hareng ou de lump ou encore un quartier de citron vert sur chaque portion.

Servez les sushis dans un grand plat de service accompagnés de gingembre mariné et de sauce soja en coupelles individuelles.

Dans les gares du Japon, on se restaure grâce aux *ekiben* ou *bento* (boîtes-repas) de gare. Chaque gare propose ainsi les spécialités culinaires de sa région ; le crabe est la spécialité du nord du pays et le *kani sushi*, ou *kani bento*, est l'un des plus appréciés au Japon.

Sushis pressés au crabe [Kani sushi]

POUR 16 PIÈCES

> 200 g de chair de crabe frais cuit, puis émietté ou en conserve

> 1 cuill. à soupe de jus de citron (si le crabe est en conserve)

> 100 g de langoustines cuites, en bocal, ou 70 g de saumon fumé

> 1/2 mesure de riz vinaigré (voir p. 10)

> 2 feuilles d'œuf (voir p. 13) finement hachées

> *kinome* (plante aromatique japonaise) ou thym citron

> sel et poivre du moulin

Pour humidifier les mains

> 25 cl d'eau

> 2 cuill. à soupe de vinaigre de riz

Pour accompagner

> gingembre mariné (voir p. 9)

> sauce soja japonaise

> 1 boîte à *oshi sushi*

> film alimentaire

Si vous utilisez du crabe en conserve, faites-le chauffer dans une petite casserole sur feu moyen, mélangez vigoureusement jusqu'à ce que les morceaux soient complètement émiettés, puis versez le jus de citron, salez et poivrez.

Coupez chaque langoustine en deux dans la longueur.

Tapissez un moule à *oshi sushi* ou une simple boîte carrée de 15 cm x 15 cm, en bois et peu profonde, de film alimentaire. Humidifiez vos mains, puis déposez et tassez fermement le riz vinaigré dans le fond ; recouvrez-le ensuite d'une couche de langoustines ou de saumon fumé et répartissez les miettes de crabe. Pressez à nouveau. Parsemez de l'émincé de feuille d'œuf et fermez le couvercle du moule. Réservez au frais (jamais au réfrigérateur) jusqu'au moment de servir (36 heures au maximum).

Démoulez le *kani sushi*, déballez-le et découpez-le en bouchées à l'aide d'un couteau parfaitement aiguisé et nettoyé avec du papier absorbant trempé dans du vinaigre de riz après chaque découpe. Déposez 1 feuille de *kinome* ou de thym citron sur chaque portion.

Servez les sushis dans un plat de service accompagnés de gingembre mariné et de sauce soja en coupelles individuelles.

Le *battera*, originaire d'Osaka, est très répandu dans les restaurants de sushis du monde entier. Vous pouvez le façonner dans un moule à *oshi sushi*, mais son authenticité réside dans sa forme de bûche garnie d'un filet entier.

Sushis bûche au maquereau [Battera]

POUR 2 BÛCHES (16 À 18 PIÈCES)

> 450 g de maquereau frais en 2 filets
> 3 ou 4 cuill. à soupe de vinaigre de riz
> 1 mesure de riz vinaigré (voir p. 10), éventuellement cuit dans de l'eau aromatisée par trempage de 1 morceau de *kombu* (algue séchée) de 10 cm x 5 cm pendant 3 ou 4 heures, ensuite jeté
> sel

Pour humidifier les mains

> 25 cl d'eau
> 2 cuill. à soupe de vinaigre de riz

Pour accompagner

> quartiers de citron
> gingembre mariné (voir p. 9)
> wasabi
> sauce soja japonaise

> film alimentaire ou fine écorce de bambou

La veille, déposez les filets de maquereau sur un épais lit de sel, peau en dessous. Recouvrez-les entièrement de sel et laissez-les reposer au réfrigérateur toute la nuit.

Le jour même, dessalez les filets de maquereau sous l'eau courante, puis séchez-les avec du papier absorbant. Retirez chaque arête avec une pince à épiler et videz les poches de sang de la veine centrale. Déposez les filets dans un plat. Arrosez-les de vinaigre de riz et laissez-les mariner 20 minutes.

Retirez les filets du plat et placez-les sur une planche à découper, peau au-dessous. Tranchez-en la partie la plus charnue pour obtenir des filets plats. Conservez les chutes.

Humidifiez vos mains, puis formez un rouleau compact de la longueur d'un filet avec la moitié du riz vinaigré. Placez une écorce de bambou séchée ou un film alimentaire sur un *makisu*, déposez-y le rouleau de riz, puis couvrez-le d'un filet de maquereau, peau vers le dessus. Utilisez les chutes pour recouvrir complètement le riz. Roulez le *makisu* autour du rouleau et pressez fortement pour former une bûche. Retirez le *makisu*. Procédez de la même façon pour la seconde bûche. Laissez-les reposer, enveloppées de film alimentaire, dans un espace frais (mais pas au réfrigérateur) quelques heures, voire une nuit.

Déballez les *battera* et découpez-les en diagonale, en tranches de 2 ou 3 cm d'épaisseur. Répartissez les sushis sur quatre assiettes. Accompagnez de quartiers de citron, de gingembre mariné, de wasabi et de sauce soja en coupelles individuelles.

Le *tazuna sushi*, littéralement « rêne », représente une corde tressée grâce à l'alternance d'ingrédients colorés de goûts variés. Ce sushi, un peu compliqué à réaliser, fera sensation comme plat de fête.

Rouleaux arc-en-ciel [Tazuna sushi]

POUR 3 ROULEAUX (15 À 18 PIÈCES)

> 2 filets de harengs marinés au vin blanc, ou rollmops
> 1 petit concombre de 10 cm de long
> 2 cuill. à soupe de sel
> 120 g de truite ou de saumon fumés
> 1/2 mesure de riz vinaigré (voir p. 10)

Pour humidifier les mains

> 25 cl d'eau
> 2 cuill. à soupe de vinaigre de riz

Pour accompagner

> feuilles de *shiso* (plante aromatique japonaise)
> quartiers de citron
> gingembre mariné (voir p. 9)
> wasabi
> sauce soja japonaise

> 1 *makisu*
> film alimentaire

Égouttez, puis séchez les harengs marinés avec du papier absorbant. Découpez-les chacun en 2 filets dans la longueur.

Avec un couteau Économe à large lame, pelez une bande de peau du concombre, jetez-la, puis pelez trois autres bandes de chair sur la même « face ». Répétez l'opération sur trois autres « faces » du concombre. Faites tremper les rubans 10 minutes dans 25 cl d'eau avec le sel, puis égouttez-les et séchez-les avec du papier absorbant.

Coupez le poisson fumé en lamelles de 10 cm x 3 cm.

Humidifiez vos mains, puis formez un cylindre de 20 cm de long avec 1/3 du riz vinaigré. Placez un film alimentaire sur un *makisu*, déposez-y le cylindre de riz, puis enveloppez-le successivement de rubans de concombre, de poisson fumé et de hareng, peau vers le dessus, jusqu'à le recouvrir complètement. Roulez le *makisu* autour du rouleau et pressez fortement pour fixer les rubans. Retirez le *makisu*. Procédez de la même façon pour les deux autres rouleaux. Laissez-les reposer enveloppés de film alimentaire jusqu'au moment de servir.

Découpez chaque rouleau en cinq ou six portions. Servez les sushis sur un lit de feuilles de *shiso*, accompagnés de quartiers de citron, de gingembre mariné, de wasabi et de sauce soja.

Le *abura age*, poche de tofu fin frit, est très prisé dans la cuisine japonaise pour sa fantastique teneur en protéines. Coupé en deux, il s'ouvre et prend la forme d'aumônières à garnir. Vous trouverez l'*abura age* surgelé dans les supermarchés asiatiques.

Sushis végétariens en poches de tofu frites [Inari sushi]

POUR 6 PORTIONS

> 3 *abura age* (poches de tofu)
> 2 cuill. à soupe d'algues *hijiki* déshydratées et/ou 2 ou 3 shiitakés séchés
> 1 cuill. à soupe de graines de sésame légèrement grillées
> 1/2 mesure de riz vinaigré (voir p. 10)

Pour la sauce de cuisson

> 5 cuill. à soupe de saké
> 5 cuill. à soupe de sucre en poudre
> 2 cuill. à soupe de sauce soja japonaise
> sel

Pour accompagner

> gingembre mariné (voir p. 9)
> sauce soja japonaise

Faites tremper les algues *hijiki* 20 minutes dans de l'eau, égouttez-les et pressez-les pour en ôter l'excédent d'eau. Hachez-les grossièrement. Si vous utilisez des shiitakés, faites-les tremper au moins 1 heure dans de l'eau, puis égouttez-les. Coupez-en les pieds et hachez-en les têtes finement. Faites cuire les algues *hijiki* et/ou les shiitakés (voir p. 8).

Versez une grande quantité d'eau bouillante sur les *abura age* pour en retirer l'huile. Pressez-les pour retirer l'excédent d'eau, puis coupez-les en deux et ouvrez-les délicatement pour obtenir 6 poches.

Dans une casserole, mélangez les ingrédients de la sauce de cuisson avec 10 cl d'eau, puis portez à ébullition en remuant pour dissoudre le sucre. Ajoutez les *abura age* et laissez mijoter à feu très doux 10 minutes, jusqu'à obtenir une coloration ambre uniforme. Retirez du feu et laissez refroidir dans la sauce.

Pilez grossièrement les graines de sésame dans un mortier. Parsemez-en le riz vinaigré encore chaud, ajoutez les algues *hijiki* et/ou les shiitakés et mélangez le tout en remuant délicatement de bas en haut. Formez 6 boules de riz, puis fourrez-les dans les poches de tofu et repliez-en les bords pour les fermer. Vous pouvez aussi retourner quelques poches de tofu vers l'extérieur pour réaliser des *inari* ouverts ou encore recouper les poches en deux, les garnir dans un angle et plier le tofu pour former des triangles.

Servez les sushis dans un plat de service accompagnés de gingembre mariné et de sauce soja en coupelles individuelles.

Au Japon, les *inro* sont de petites boîtes à pilules très convoitées par les collectionneurs d'antiquités. Ce sushi en forme d'*inro* est habituellement réalisé dans une calebasse blanche évidée ; je la propose ici en utilisant un concombre.

Sushis bûche de concombre [Inro sushi]

POUR 4 DEMI-BÛCHES DE CONCOMBRE (ENVIRON 26 PIÈCES)

> 2 gros concombres
> 2 cuill. à soupe de sel
> 1 morceau de *kombu* (algue séchée) de 10 cm x 5 cm environ (facultatif)
> 6 grosses crevettes tigrées fraîches ou 100 g de crevettes roses cuites
> 1/2 mesure de riz vinaigré (voir p. 10)

Pour la sauce de cuisson

> 2 cuill. à soupe de saké
> 1 cuill. à soupe de sucre en poudre
> 2 cuill. à soupe de mirin
> 1 pincée de sel

Pour accompagner

> wasabi
> sauce soja japonaise

Coupez les concombres en deux, puis, à l'aide d'un zesteur, pelez-les sur toute leur longueur pour obtenir un effet de cannelure. Hachez les fines bandes de peau prélevées en petits morceaux. Dans un saladier, mettez le sel et éventuellement le morceau de *kombu* dans 1 l d'eau. À l'aide d'un vide-pomme, évidez le cœur de chaque demi-concombre. Mettez les concombres à dégorger 30 minutes dans l'eau salée, égouttez-les, puis laissez-les sécher.

Étêtez, puis déveinez les crevettes (voir p. 7).

Préparez la sauce de cuisson en mélangeant les ingrédients dans une casserole, puis portez à ébullition. Baissez le feu, ajoutez les crevettes tigrées et laissez cuire 5 ou 6 minutes, jusqu'à ce que le jus de cuisson soit quasiment absorbé. Laissez refroidir, puis décortiquez les crevettes et hachez-en la chair très finement. Si vous utilisez des crevettes roses, procédez de la même façon, mais faites-les juste mariner 10 minutes hors du feu dans la sauce de cuisson chaude.

Mélangez les tout petits morceaux de crevette et de concombre avec le riz vinaigré en remuant de bas en haut. Farcissez-en chaque tronçon de concombre en compactant bien la garniture.

Découpez les tronçons de concombre farcis en rondelles de 1 ou 2 cm de large, puis servez les sushis sur un plat de service, accompagnés de wasabi et de sauce soja en coupelles individuelles.

Le *gomoku sushi* est un plat très populaire au Japon. Composé de riz vinaigré garni d'au moins cinq ingrédients différents (mais sans poisson cru), c'est un déjeuner complet, coloré et appétissant, idéal à emporter au travail dans une boîte-repas, le *bento*. Les non-végétariens peuvent y ajouter des lamelles de saumon fumé, des crevettes cuites ou même des petites saucisses.

Boîtes-repas végétariennes

[Gomoku sushi bento]

POUR 2 BOÎTES

> 10 haricots mange-tout écossés
> 3 ou 4 fines tranches de *renkon* (racines de lotus marinées et cuites) [facultatif]
> 1 feuille d'œuf (voir p. 13)
> 1 mesure de riz vinaigré (voir p. 10)
> 2 cuill. à soupe de graines de sésame blanches légèrement grillées
> 1 petite carotte de 5 ou 6 cm préparée (voir p. 8)
> 2 shiitakés séchés préparés (voir p. 8)
> 1 cuill. à soupe rase d'algues *hijiki* préparées (voir p. 8) [facultatif]

Coupez les haricots mange-tout en diagonale. Faites-les blanchir 1 minute dans une grande casserole d'eau légèrement salée, puis égouttez-les et passez-les immédiatement sous l'eau froide ; ils doivent rester croquants. Faites-les sécher avec du papier absorbant.

Si vous en utilisez, coupez les tranches de *renkon* en deux ou en quartiers. Émincez finement la feuille d'œuf en lamelles de 4 ou 5 cm de long.

Parsemez le riz vinaigré de graines de sésame grillées, puis ajoutez les autres ingrédients (sauf l'émincé de feuille d'œuf) et mélangez délicatement. Répartissez la préparation dans deux boîtes, ajoutez les lamelles d'œuf. Servez le *gomoku sushi* tiède.

Racine de lotus marinée

> 1 morceau de *renkon* (racine de lotus) frais
> 1 cuill. à soupe de vinaigre de riz

Pour la marinade

> 20 cl de vinaigre de riz ou de vinaigre de vin blanc
> 4 cuill. à soupe de sucre en poudre ou 5 cuill. à soupe si vous utilisez du vinaigre de vin blanc
> 2 cuill. à soupe de sel

Épluchez et coupez le *renkon* en fines rondelles. Dans une casserole d'eau, faites bouillir les rondelles de *renkon* avec le vinaigre de riz 5 minutes pour les attendrir, puis égouttez-les.

Préparez la marinade. Mélangez les ingrédients dans une petite casserole, puis faites chauffer sur feu doux en remuant jusqu'à la dissolution du sucre. Retirez du feu et laissez refroidir. Plongez les rondelles de *renkon* et laissez mariner au moins 15 minutes. Vous pouvez les conserver au réfrigérateur dans la marinade plusieurs semaines.

Traditionnellement, ce bol de riz vinaigré est garni de thon cru et de légumes cuits. Je propose ici une variante avec différents poissons crus et des crevettes cuites. Les sashimis se dégustent habituellement avec du wasabi et de la sauce soja.

Bols de riz garni [Chirashi donburi]

POUR 4 PERSONNES

> 250 g de filet de thon sans peau
> 250 g de filet de saumon sans peau
> 4 grosses crevettes tigrées
> 2 cuill. à soupe de saké
> 1 cuill. à soupe de mirin
> 1 cuill. à café de sauce soja japonaise
> 4 gros shiitakés séchés préparés (voir p. 8)
> 70 g de *shimeji* (champignons en bouquet) séparés
> 60 g d'épinards soigneusement lavés
> sauce soja japonaise
> 1 ½ mesure de riz vinaigré (voir p. 10)
> 1/2 omelette épaisse (voir p. 12) coupée en 8 bandes
> 4 tranches de *renkon* (racine de lotus) de 5 mm d'épaisseur marinées (voir p. 54) [facultatif]

Pour la marinade de thon

> 4 cuill. à soupe de sauce soja japonaise
> 2 cuill. à soupe de vin rouge
> 2 cuill. à café de mirin

Pour la marinade de saumon

> 2 cuill. à soupe de sauce soja japonaise
> wasabi

Pour accompagner

> gingembre mariné (voir p. 9)

Préparez les marinades de thon et de saumon en mélangeant respectivement les ingrédients de chacune. Découpez le thon et le saumon en huit tranches nettes (sashimis) d'environ 4 ou 5 cm x 3 cm (voir p. 7), puis plongez-les dans leur marinade respective de 5 à 10 minutes. Égouttez-les.

Préparez les crevettes (voir p. 7) et maintenez-les serrées en boule à l'aide de piques en bois. Dans une petite casserole, portez à ébullition 1 cuillerée à soupe d'eau, le saké, le mirin et la sauce soja. Ajoutez les crevettes et faites-les cuire 3 ou 4 minutes. Retirez la casserole du feu et laissez refroidir les crevettes dans leur jus de cuisson. Retirez délicatement les piques et décortiquez les crevettes.

Égouttez les shiitakés et gardez leur jus de cuisson. Dans une casserole d'eau légèrement salée, faites bouillir les champignons *shimeji* 1 minute, puis égouttez-les et faites-les mariner dans le jus des shiitakés le temps de les parfumer.

Dans une casserole d'eau légèrement salée portée à ébullition, faites blanchir les épinards 30 secondes, puis plongez-les dans de l'eau fraîche. Pressez-les pour en retirer l'excès d'eau et arrosez-les de quelques gouttes de sauce soja. Formez une bûche d'épinard de 7 ou 8 cm de long et coupez-la en quartiers.

Dans quatre bols individuels, répartissez le riz vinaigré, puis disposez les sashimis de thon et de saumon, les crevettes, les champignons shiitakés et *shimeji*, les tranches d'épinard, les bandes d'omelette et, éventuellement, les rondelles de *renkon* mariné, jusqu'à couvrir complètement le riz. Servez les *chirashi donburi* accompagnés de gingembre mariné.

Le sashimi en salade est le plat le plus demandé dans les restaurants japonais du monde entier, car il permet de s'initier en douceur au plaisir du poisson cru. Si, chez vous, vous n'êtes pas certain de la fraîcheur de votre poisson cru, cette recette vous propose de le blanchir ou de le saisir.

Sashimis d'espadon en salade, vinaigrette au miso

POUR 4 PERSONNES

> 500 g de filet d'espadon frais sans peau
> 1/2 oignon épluché
> 120 g de mesclun (salade mélangée)
> graines de sésame légèrement grillées

Pour la vinaigrette

> 2 ½ cuill. à soupe de miso clair (pâte de soja)
> 1 ½ cuill. à soupe de vinaigre de riz ou de vinaigre de vin blanc
> 2 cuill. à soupe de saké ou de vin blanc
> 1 ou 2 cuill. à café de moutarde douce

Sur un gril à feu vif, saisissez le filet d'espadon sur les deux faces ; sa surface doit être grillée et son cœur rose. Tranchez-le en sashimis fins (voir p. 7).

Émincez finement le demi-oignon, puis déposez les demi-lunes obtenues dans de l'eau glacée pour les rafraîchir et adoucir leur parfum. Égouttez-les, séchez-les avec du papier absorbant et mélangez-les au mesclun.

Préparez la vinaigrette en mélangeant les ingrédients, puis versez-en quelques gouttes au centre de quatre assiettes. Répartissez la salade et disposez les sashimis d'espadon. Arrosez ceux-ci de vinaigrette, parsemez-les de graines de sésame grillées et servez.

Le *sunomono*, salade vinaigrée, est une alternative à l'habituel gingembre mariné qui accompagne les sushis. Le concombre et le wakame sont deux ingrédients habituels du *sunomono* et le poulpe accentue la richesse des textures et des saveurs.

Sunomono de poulpe

POUR 4 À 6 PERSONNES

> 1/2 concombre
> 10 g d'algues wakame plongées 20 minutes dans de l'eau
> 1 tentacule de poulpe
> 1 morceau de gingembre de 3 cm x 3 cm épluché et finement râpé
> sel

Pour la vinaigrette

> 1 cuill. à soupe de vinaigre de riz ou de vinaigre de vin blanc
> 1 cuill. à café de sucre en poudre
> 1 cuill. à café de mirin
> 1 cuill. à café de sauce soja japonaise

À l'aide d'un zesteur, pelez le demi-concombre de façon à obtenir un effet de cannelure, puis coupez-le dans la longueur et tranchez-le en fines demi-lunes. Éparpillez celles-ci dans un plat et saupoudrez-les de sel. Laissez dégorger 5 minutes, puis pressez-les pour en ôter l'excédent d'eau.

Égouttez les algues wakame et pressez-les pour en ôter l'excédent d'eau. Arrosez-les d'eau bouillante pour les raviver et réveiller leur couleur. Pressez-les à nouveau pour extraire l'excédent d'eau et découpez-les en morceaux.

Dans une casserole d'eau bouillante, faites cuire le tentacule de poulpe 15 minutes pour l'attendrir. Retirez-le du feu et faites-le refroidir sous l'eau courante. Découpez-le en fines rondelles.

Plongez le gingembre râpé dans de l'eau glacée pour le refroidir et adoucir son parfum. Égouttez-le.

Préparez la vinaigrette en mélangeant vivement les ingrédients jusqu'à dissolution complète du sucre.

Dans un saladier, mélangez les tranches de concombre et de poulpe, les algues wakame et la vinaigrette. Servez le *sunomono* de poulpe dans des assiettes individuelles garnies de gingembre râpé.

Les sushis s'apprécient en toute saison, mais, dans la chaleur d'un été humide, leur petit goût vinaigré rafraîchissant est particulièrement tentant. Cette recette associe les sushis aux saveurs vinaigrées d'une salade estivale.

Salade de sushis

POUR 4 À 6 PERSONNES

> 8 à 12 crevettes tigrées
> 1 calmar frais de taille moyenne lavé et sans peau
> 1/2 concombre
> 12 petites tomates cœur-de-pigeon coupées en deux
> 3 feuilles de laitue iceberg déchiquetées
> 1 poignée de basilic pourpre (facultatif) lavé et séché
> 1 mesure de riz vinaigré (voir p. 10)
> 5 cuill. à soupe de graines de sésame blanches légèrement grillées

Pour la vinaigrette

> 1 cuill. à soupe de vinaigre de vin blanc
> 3 cuill. à soupe d'huile d'olive extra vierge
> 1 ou 2 cuill. à café de moutarde douce

Étêtez et déveinez les crevettes (voir p. 7), puis faites-les cuire 2 ou 3 minutes dans une casserole d'eau bouillante légèrement salée. Égouttez-les, puis rafraîchissez-les sous l'eau courante. Décortiquez-les délicatement. Préparez la vinaigrette en mélangeant les ingrédients.

Coupez le calmar en deux dans la longueur, pratiquez des incisions en croisillons à l'intérieur, puis découpez-le en morceaux de 3 cm x 4 cm. Dans une grande casserole d'eau légèrement salée, faites cuire les morceaux de calmar 1 ou 2 minutes à gros bouillons. Égouttez-les, rafraîchissez-les sous l'eau courante, puis séchez-les avec du papier absorbant. Nappez les morceaux de calmar de 1 cuillerée à soupe de vinaigrette et réservez.

Pelez le demi-concombre en laissant une bande de peau sur deux, puis coupez-le en deux, épépinez-le et coupez-le en morceaux. Dans un saladier, mélangez les morceaux de concombre, les tomates, les feuilles de salade et éventuellement le basilic pourpre. Versez la vinaigrette et mélangez délicatement.

Saupoudrez le riz vinaigré de graines de sésame grillées, puis mélangez-les délicatement de bas en haut. Répartissez le riz dans des bols individuels, ajoutez la salade, puis disposez les crevettes et les morceaux de calmar. Servez la salade de sushis.

TABLE DES ÉQUIVALENCES FRANCE-CANADA

POIDS

55 g	2 onces	200 g	7 onces	500 g	18 onces
100 g	3,5 onces	250 g	9 onces	750 g	27 onces
150 g	5 onces	300 g	11 onces	1 kg	36 onces

Ces équivalences permettent de calculer le poids, à quelques grammes près (en réalité, 1 once = 28 g).

CAPACITÉS

25 cl	9 onces	75 cl	26 onces
50 cl	17 onces	1 l	35 onces

Pour faciliter la mesure des capacités, 25 cl équivalent ici à 9 onces (en réalité, 23 cl = 8 onces = 1 tasse).

Édition originale

Titre original *New Sushi*

Texte et recettes Emi Kazuko
Photographies Gus Filgate

Édition française

Coordination éditoriale Marion Pipart avec la collaboration de Mathilde Piton
Traduction Ines Cobee
Mise en page Bénédicte Chantalou, Yuruga
Lecture-correction Chantal Pagès, assistée de Madeleine Biaujeaud
Couverture Véronique Laporte
Fabrication Annie Botrel

ISBN : 978-2-03-583546-8

Imprimé en Espagne par Graficas Estella, Estella.
Dépôt légal : janvier 2009 – 301833/01 – 11006592 novembre 2008